ACHIM SCHUCK

TIPPS FÜR KIDS

NEUE IDEEN FÜR LEGO® BASIS-STEINE

EINFACHE PROJEKTE FÜR 2x2- UND 2x4-STEINE

HEEL

Inhalt

IM ZIRKUS

AUF DER BAUSTELLE

UNTER PIRATEN

BEI DEN RITTERN

TIERISCH

ZU WEIHNACHTEN

EMOJIS

Im Zirkus

GEWICHTHEBER

Dafür benötige ich:

So geht's:

AKROBATEN

Dafür benötige ich:

So geht's:

1

2

3

4

5

6

7

8

9

10

11

12

13

14

CLOWN

Dafür benötige ich:

So geht's:

EIS

Mmmmh

Dafür benötige ich:

So geht's:

1
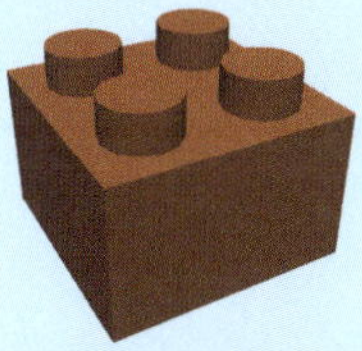

2
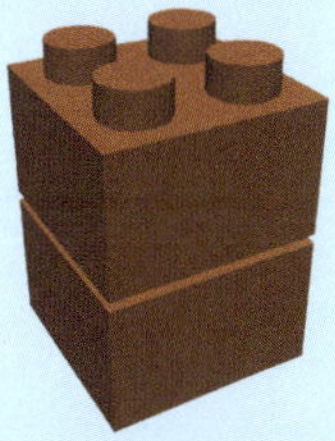

3

4

5

6

7

8

9

10

11

12

13

14

Auf der Baustelle

KRAN

Dafür benötige ich:

So geht's:

BAGGER

Dafür benötige ich:

So geht's:

1

2

3

4

5

6

7

8

HANDWERKER

Dafür benötige ich:

So geht's:

1

2

3

4

5

6

7

8

9

10

11

12

13

14

HAMMER

Dafür benötige ich:

So geht's:

PRESSLUFTHAMMER

Dafür benötige ich:

So geht's:

HAUS

Dafür benötige ich:

So geht's:

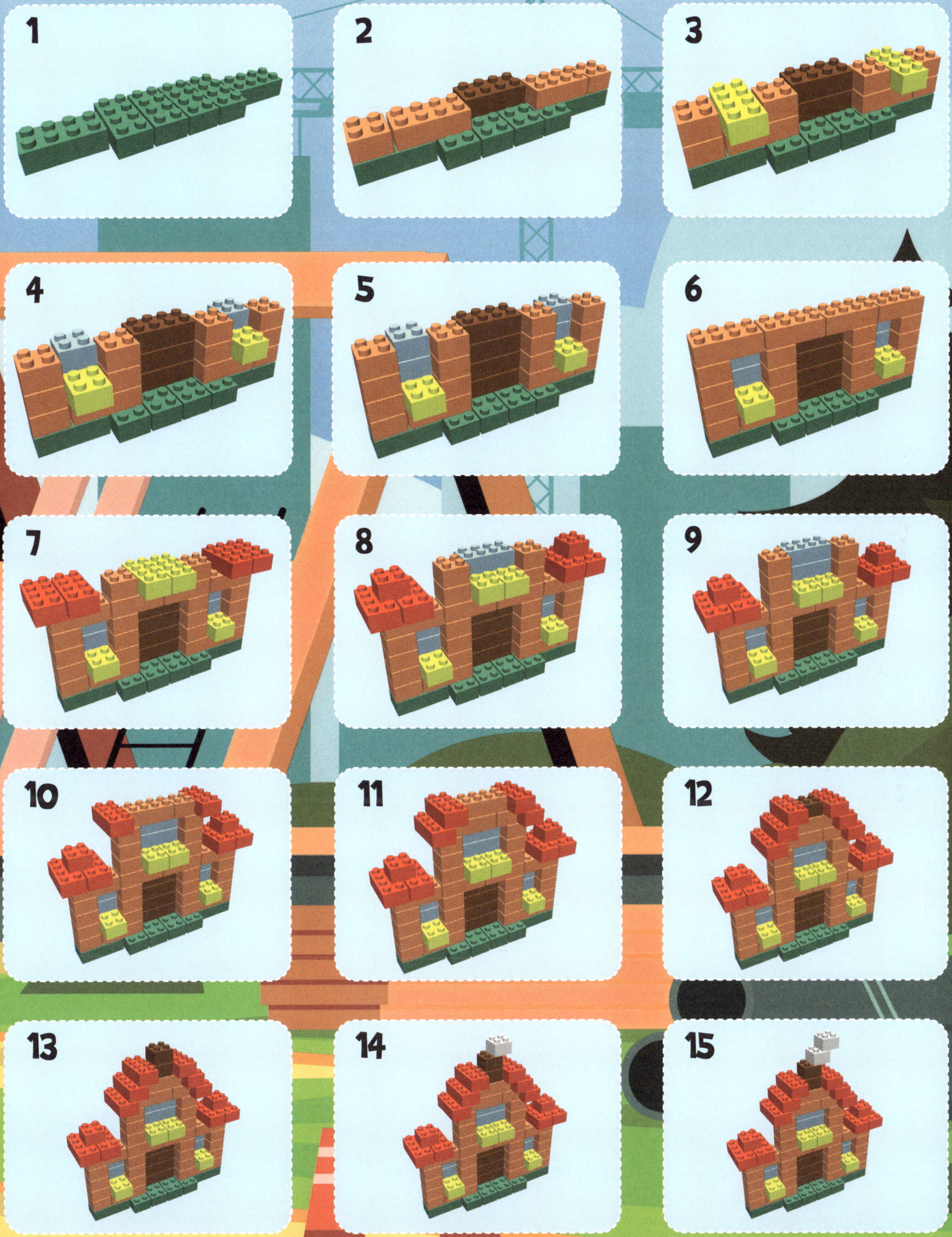

ABSPERRUNG

Dafür benötige ich:

So geht's:

Unter Piraten

PIRAT

Dafür benötige ich:

So geht's:

SOLDAT

Dafür benötige ich:

So geht's:

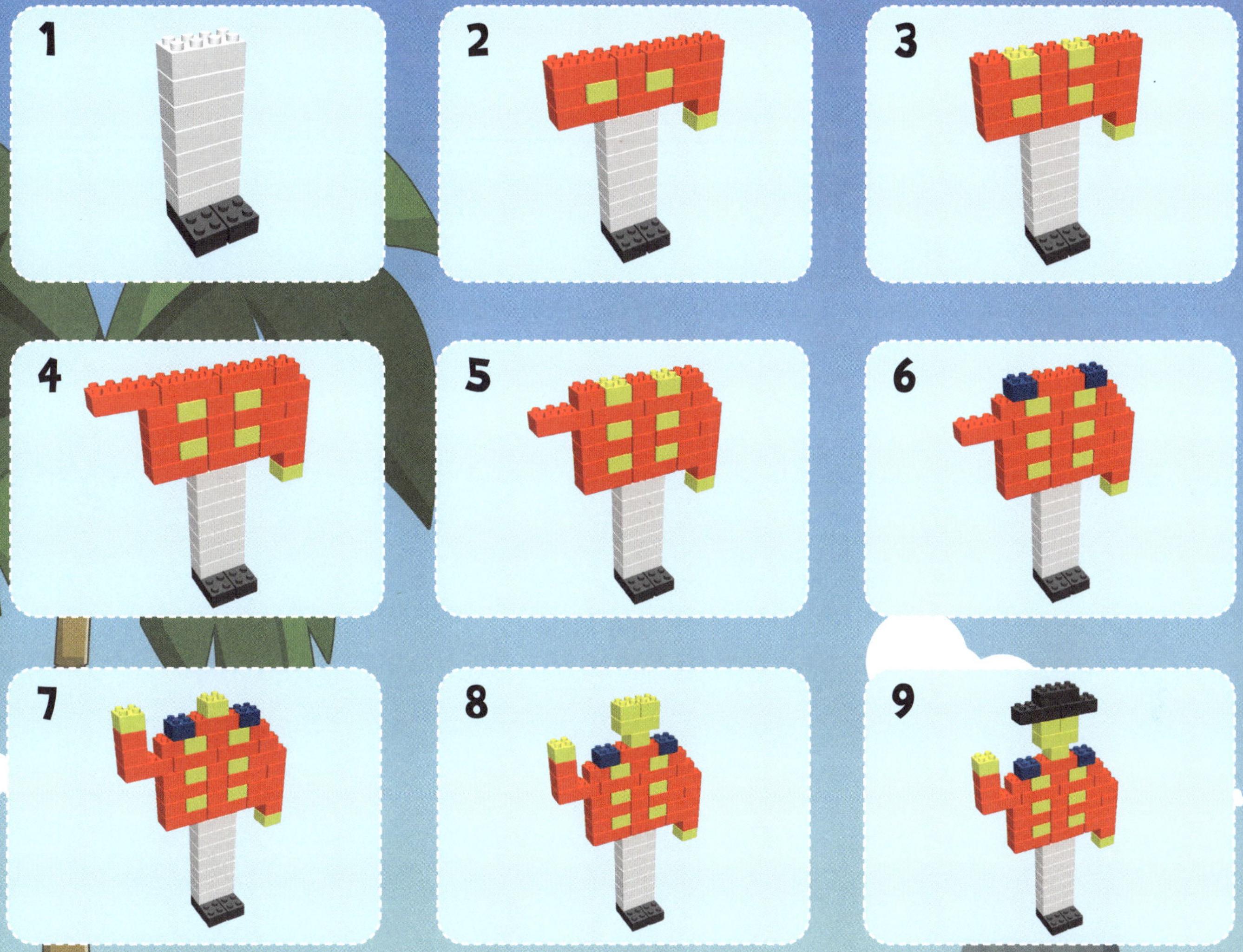

PIRATENSCHIFF

Dafür benötige ich:

So geht's:

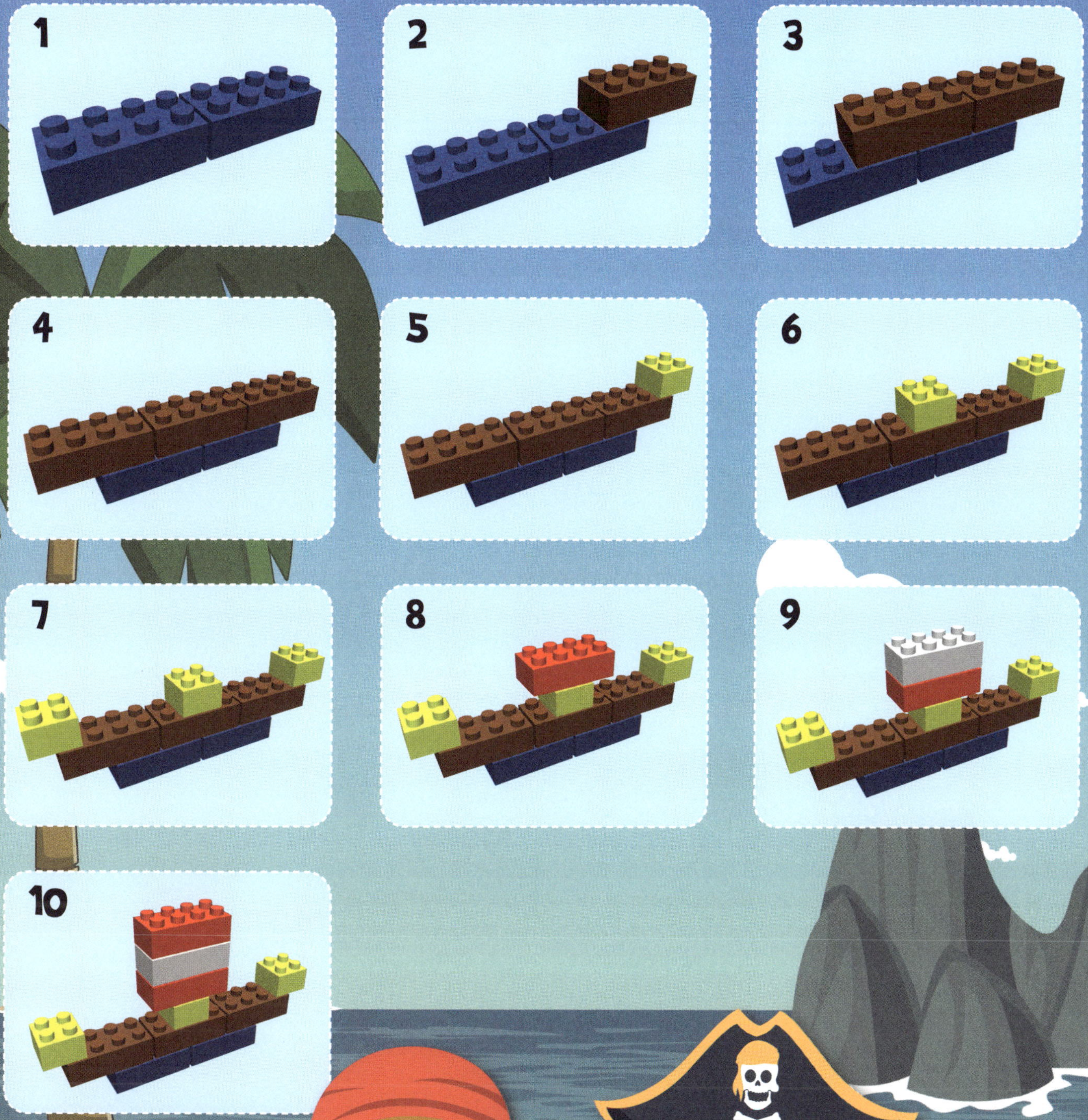

SCHATZINSEL

Dafür benötige ich:

So geht's:

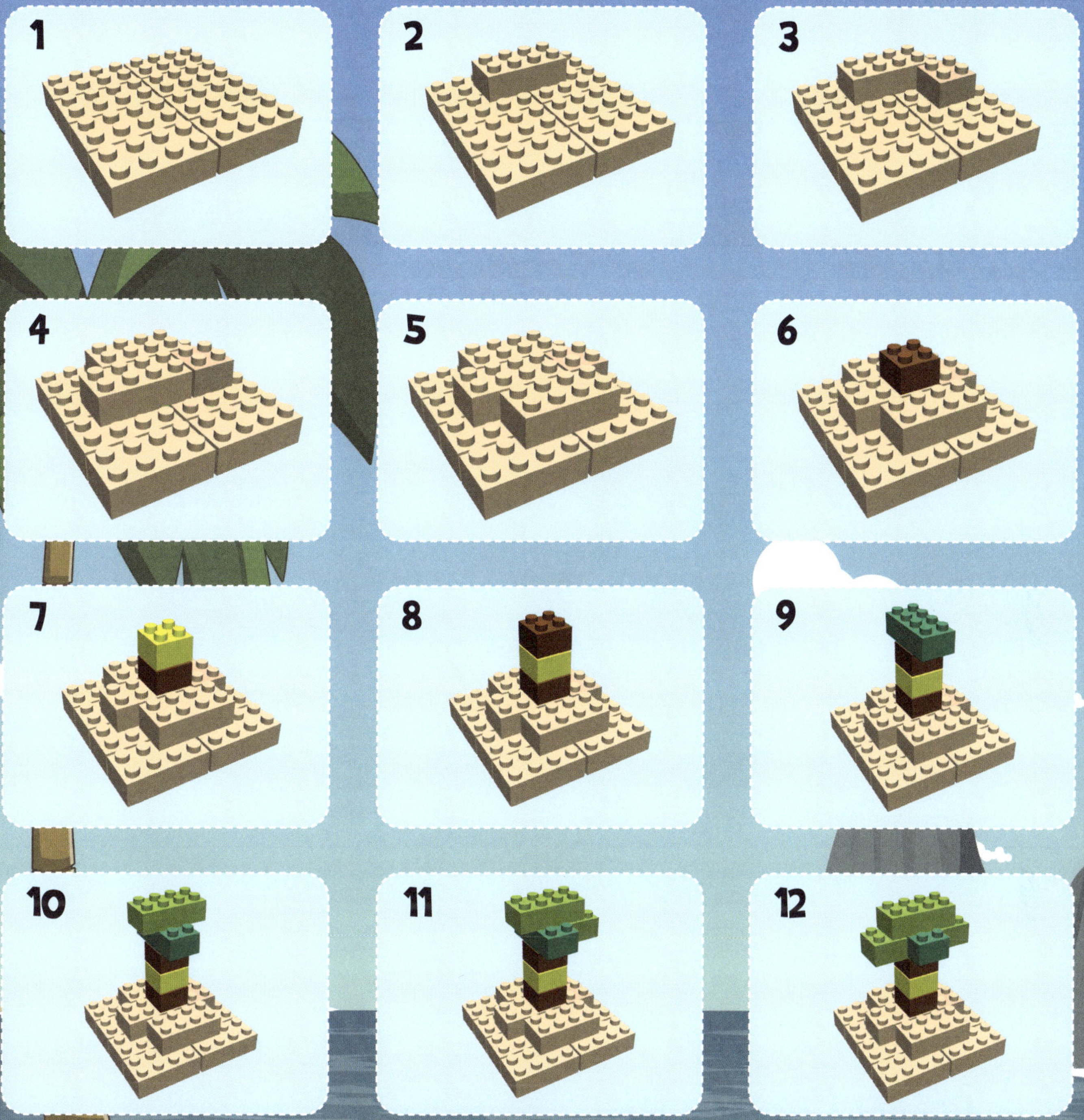

Bei den Rittern

RITTER

Dafür benötige ich:

So geht's:

1

2

3

4

5

6

7

8

9

10

11

12

13

RITTERBURG

Dafür benötige ich:

So geht's:

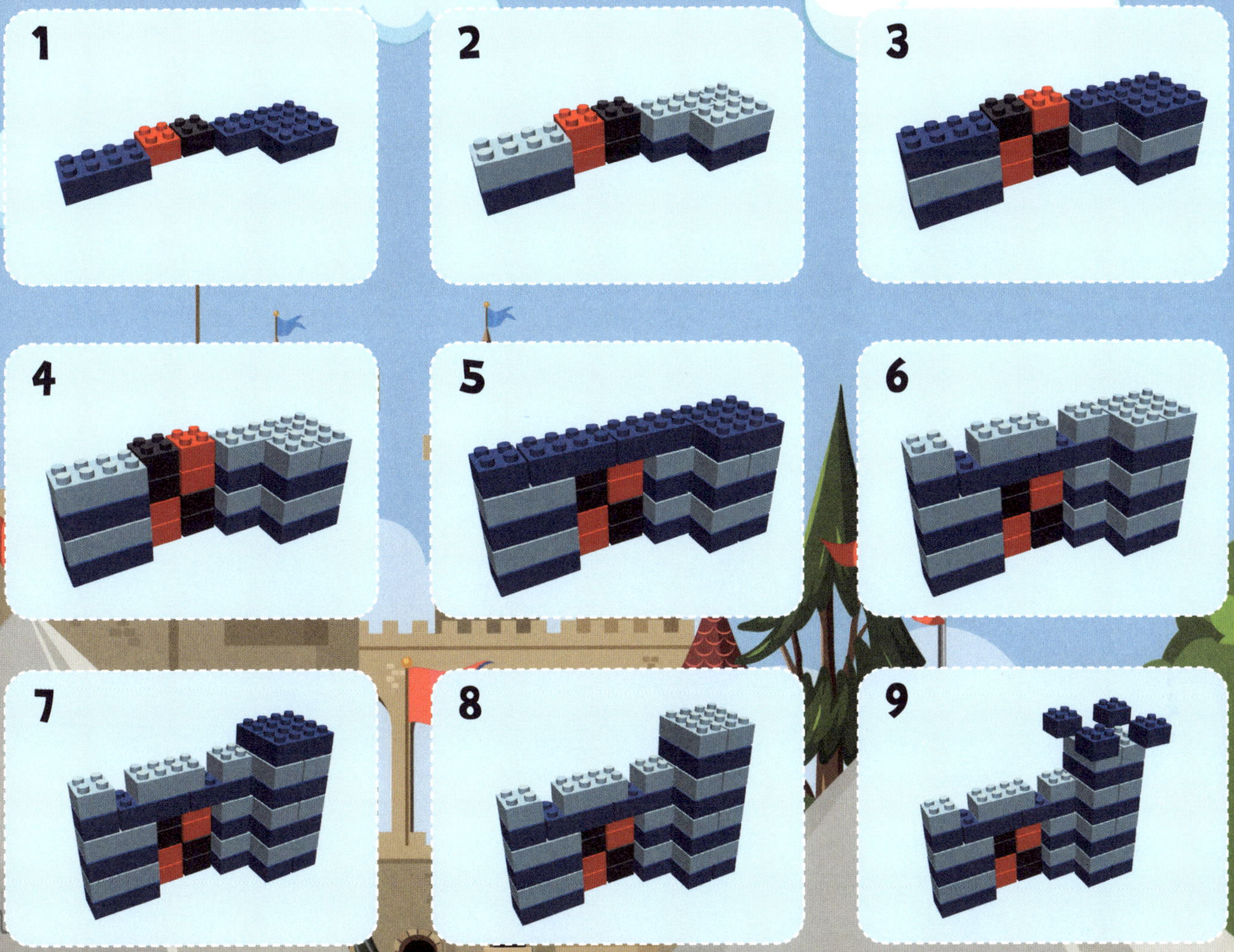

ZAUBERER

Dafür benötige ich:

So geht's:

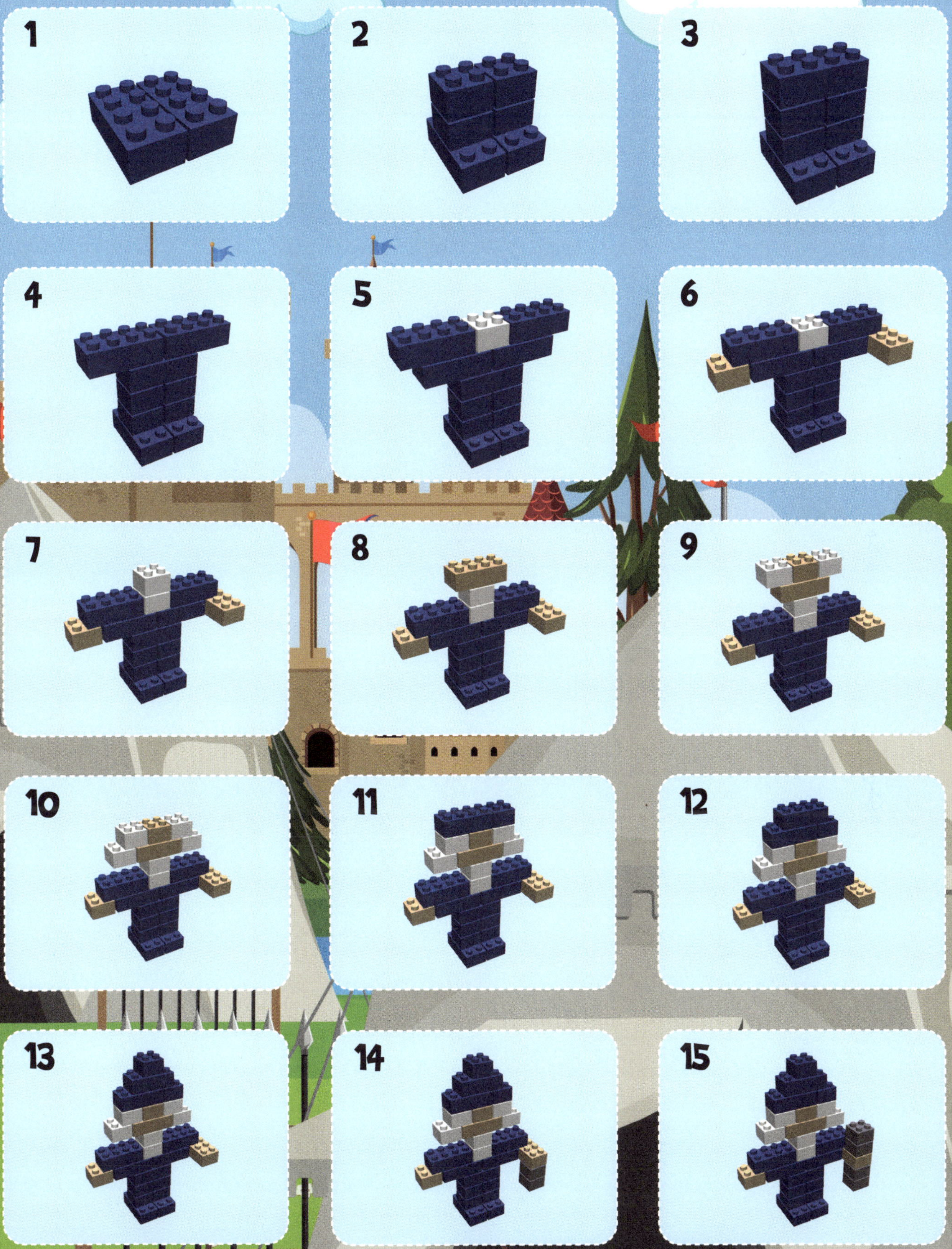

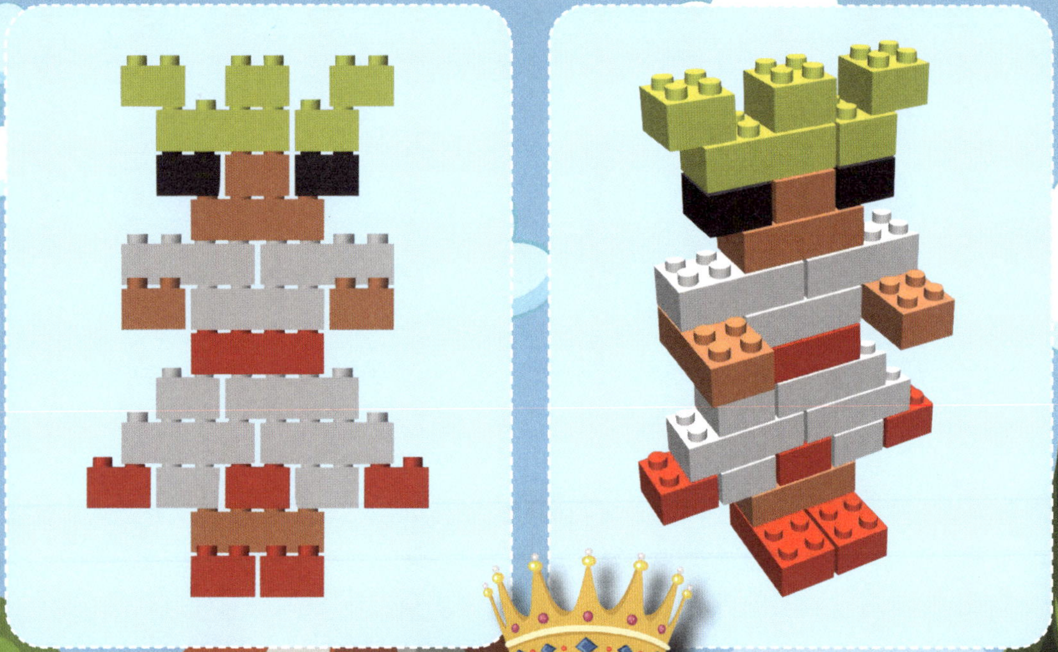

PRINZESSIN

Dafür benötige ich:

3x

4x

1x

3x

2x

6x

1x

4x

3x

So geht's:

1

2

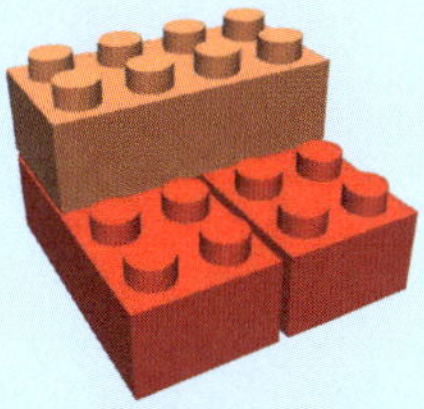

3

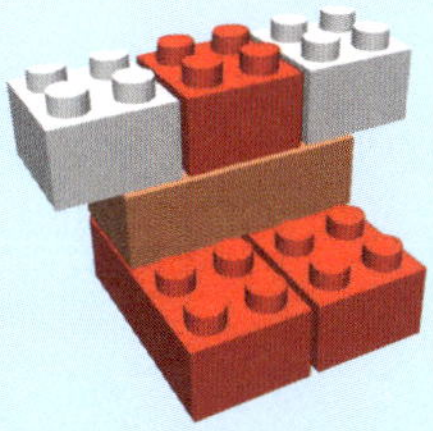

4

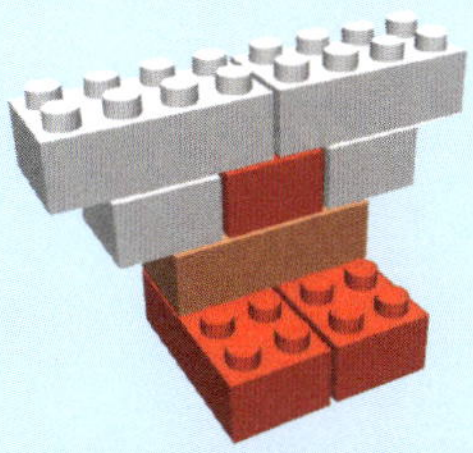

5

6

7

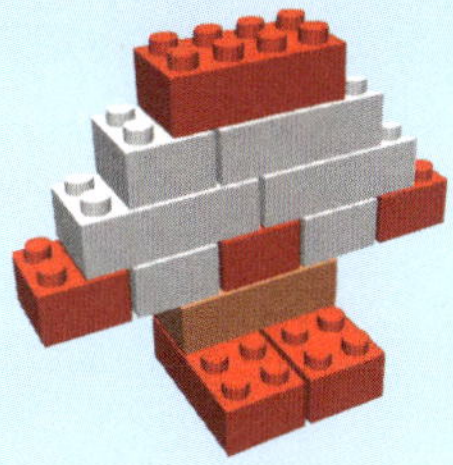

8

9

10

11

12

13

14

GEIST

Hui buh!

Dafür benötige ich:

So geht's:

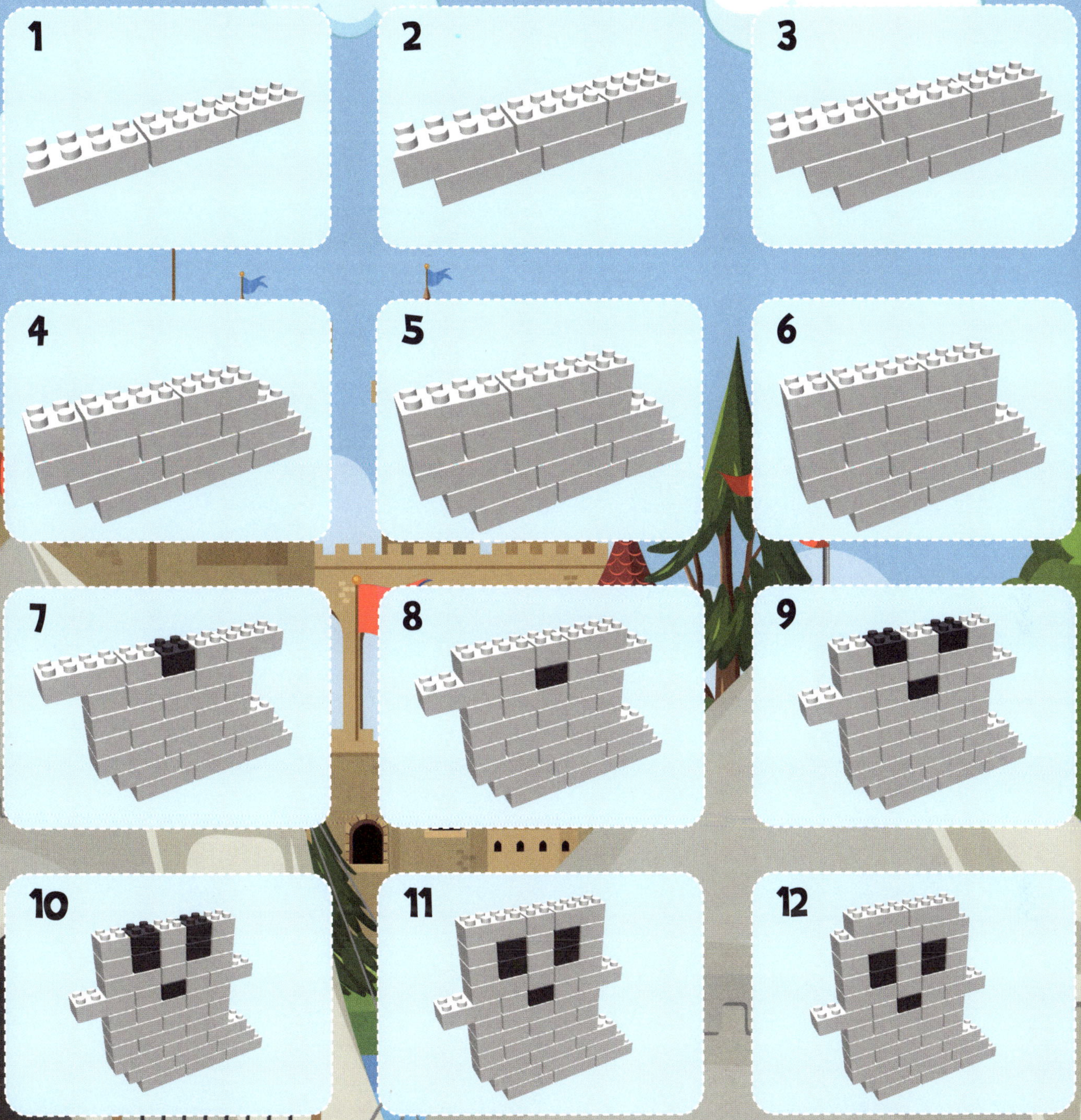

SCHWERT

Dafür benötige ich:

So geht's:

1

2

3

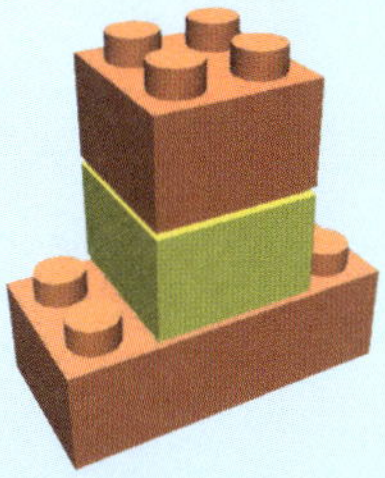

4

5

6

7

8

9

10

Tierisch

BIENE

Dafür benötige ich:

- 20x
- 1x
- 2x
- 8x
- 14x
- 3x

So geht's:

1

2

3

4

5

6

7

8

9

10

11

12

13

14

HAHN

Dafür benötige ich:

7x

8x

8x

4x

14x

2x

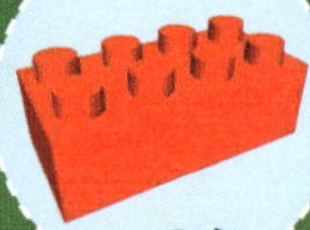
1x

So geht's:

1

2

3

4

5

6

7

8

9

10

11

12

13

14

KÜKEN

Dafür benötige ich:

So geht's:

KROKODIL

Dafür benötige ich:

So geht's:

EULE

Dafür benötige ich:

8x

5x

4x

7x

2x

5x

2x

So geht's:

RAUPE

Dafür benötige ich:

So geht's:

GIRAFFE

Dafür benötige ich:

So geht's:

Zu Weihnachten

NIKOLAUS

Ho, Ho, Ho!

Dafür benötige ich:

So geht's:

1

2

3
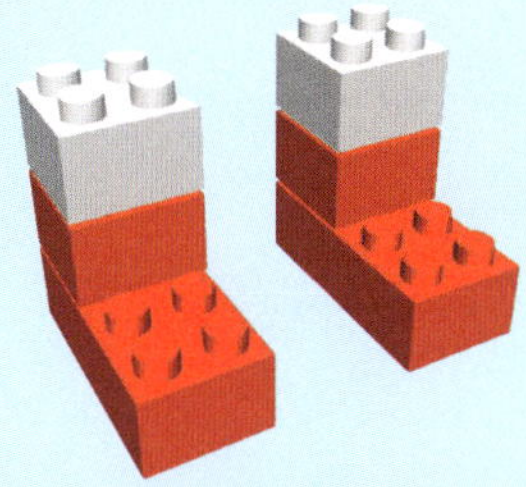

4

5
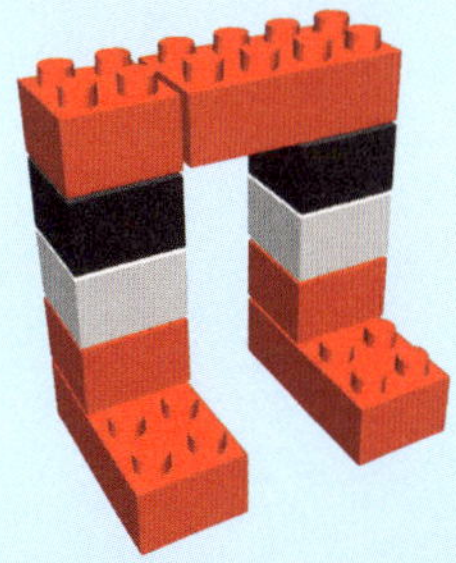

6

7

8

9

10

11

12

13

14

15

SCHLITTEN

Dafür benötige ich:

So geht's:

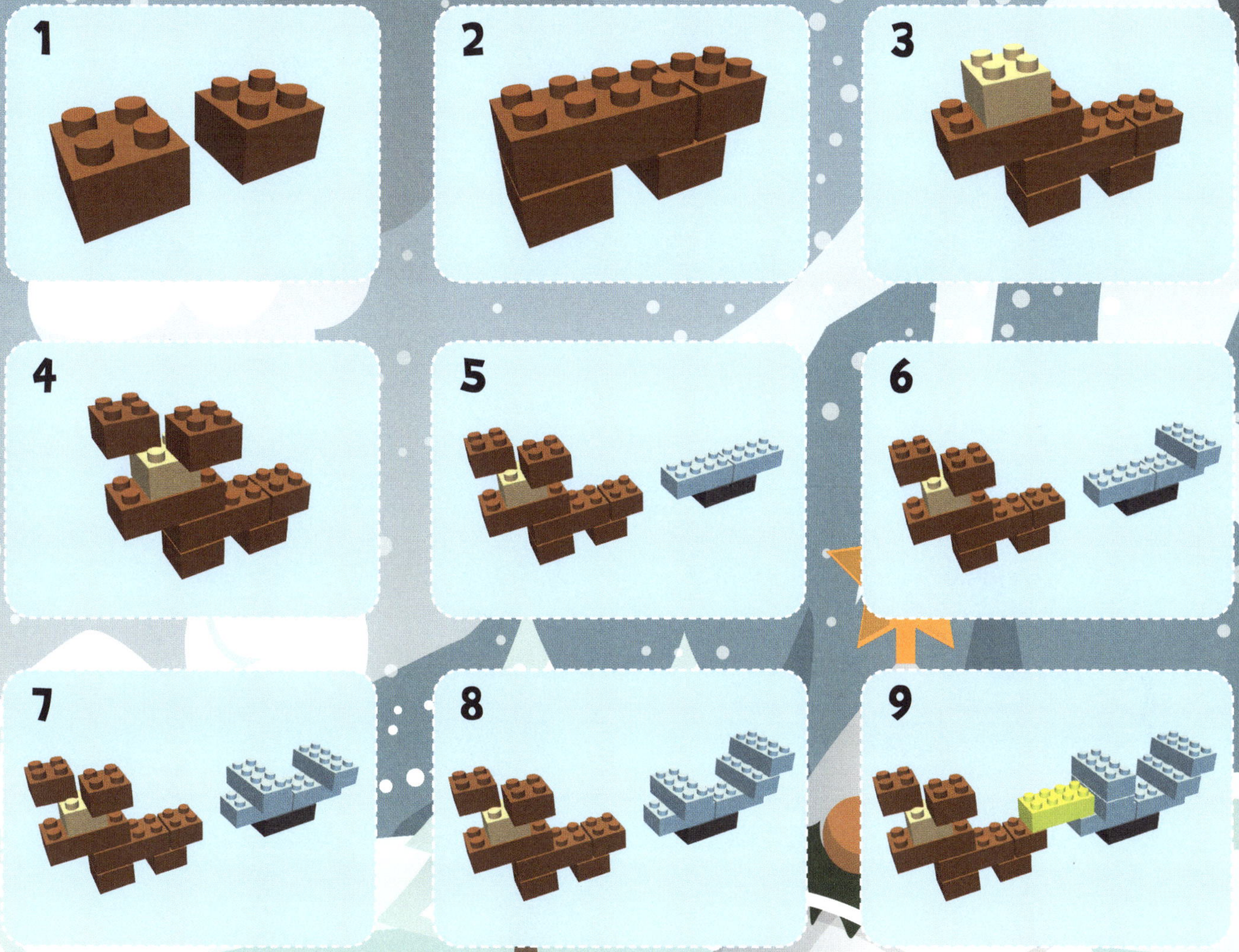

TANNENBAUM

Dafür benötige ich:

So geht's:

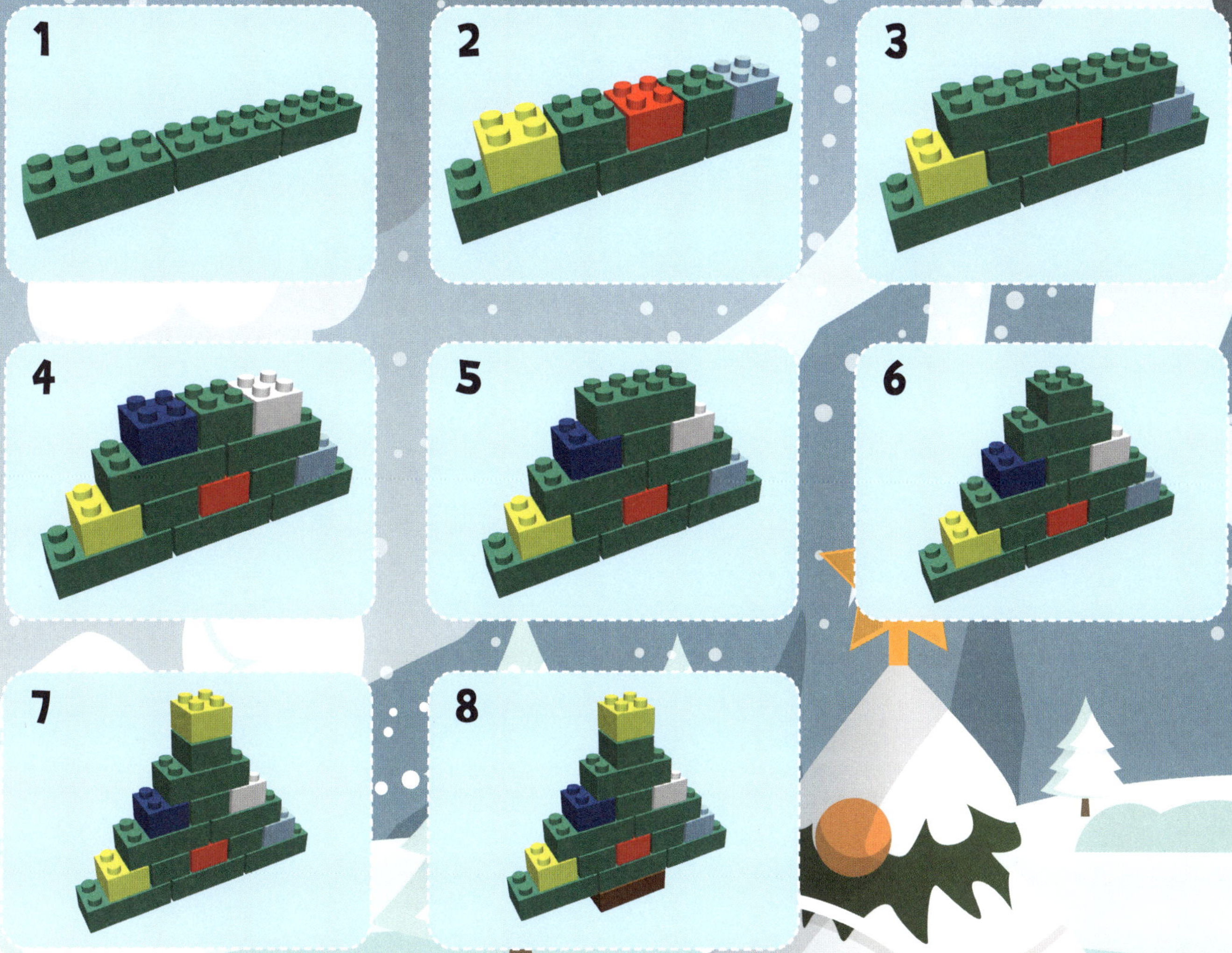

GESCHENK

Dafür benötige ich:

8× 8× 2×

So geht's:

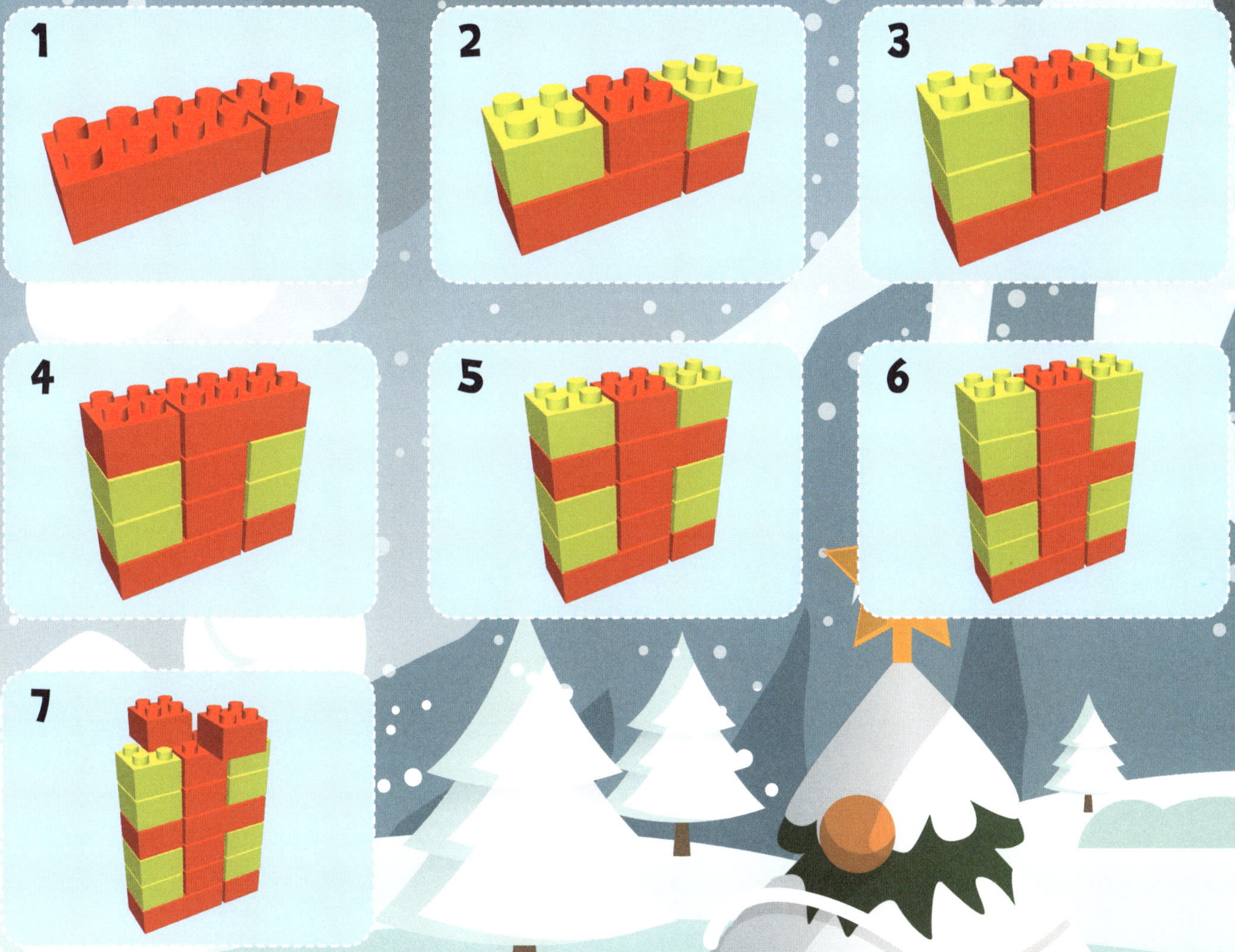

WEIHNACHTS-ELF

Dafür benötige ich:

3x 8x 13x 2x

2x 3x 5x 9x 2x

So geht's:

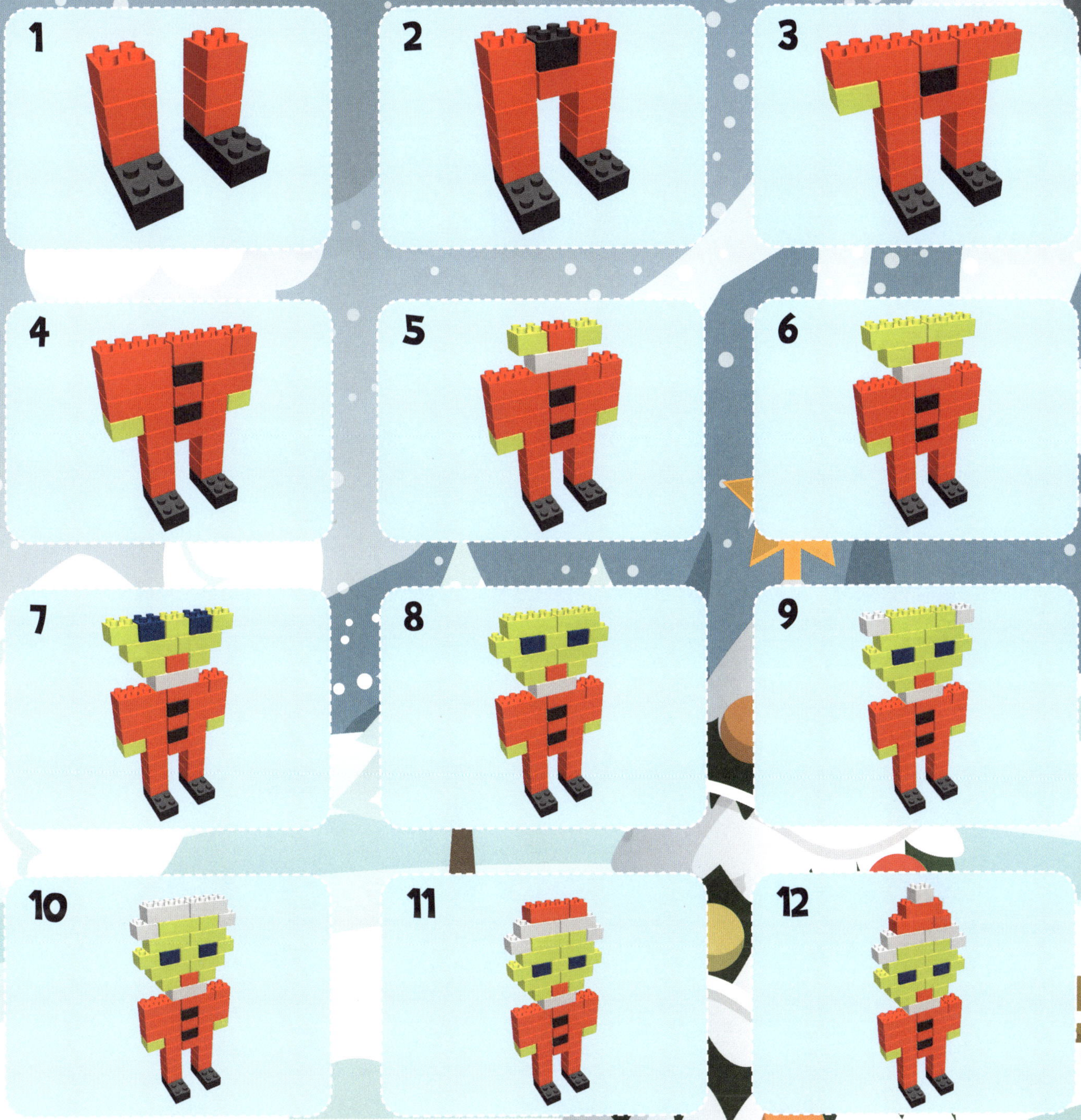

Emojis

LACHEN

Dafür benötige ich:

So geht's:

1

2

3

4

5

6

7

8

9

10

11

12

13

14

15

VERSCHMITZT

Dafür benötige ich:

So geht's:

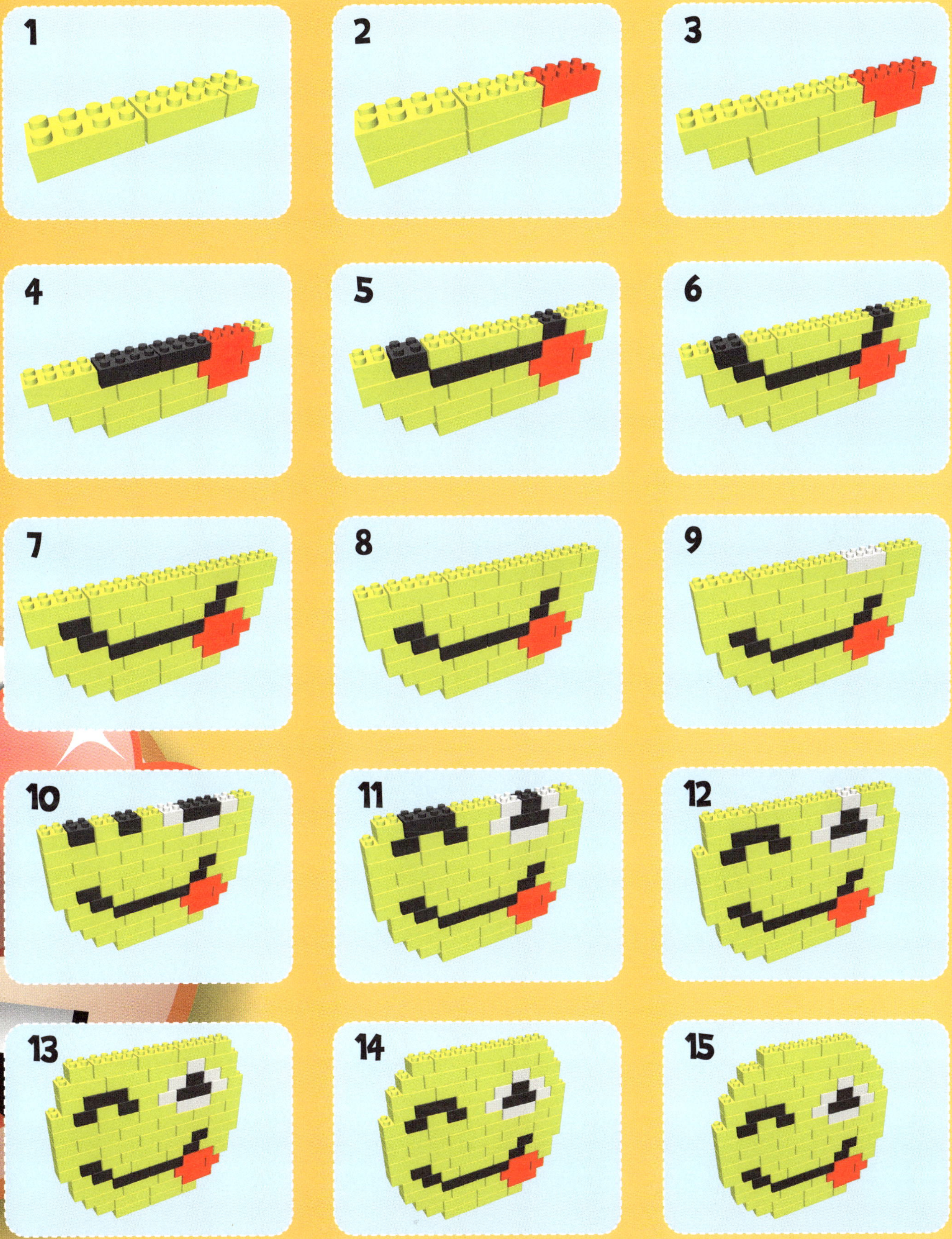

WÜTEND

Dafür benötige ich:

So geht's:

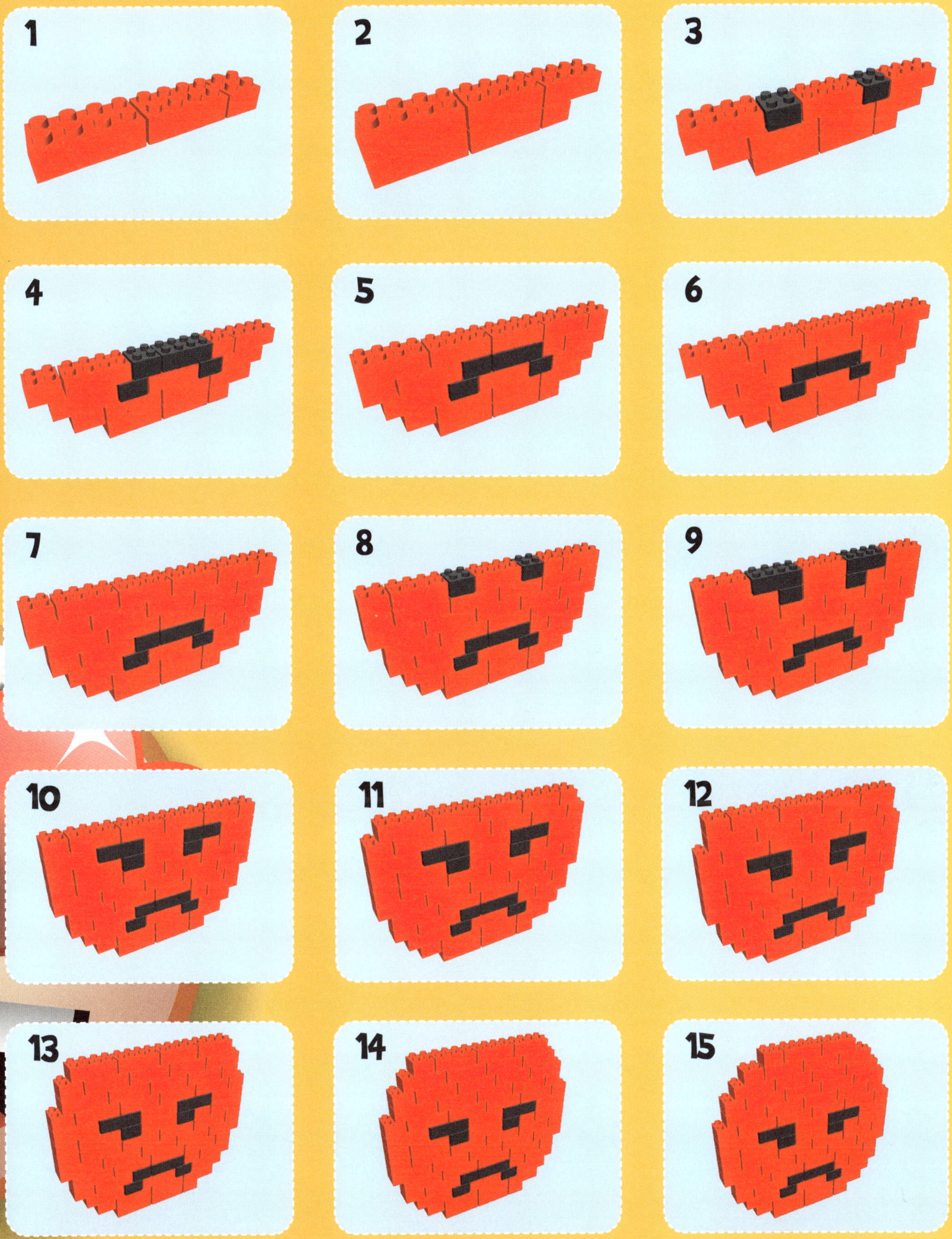

Probier doch auch mal die Emojis auf dieser Seite!

ALLE ❤ LEGO® STEINE

NOCH MEHR IDEEN FÜR BASIS-STEINE:

Mehr als 40 Bauanleitungen in diesem Buch regen die (kindliche) Fantasie ordentlich an: mit wilden Tieren auf Safari, Abenteuer auf dem Bauernhof erleben, hinab auf den Meeresboden tauchen oder den Weltraum erkunden. Und es kann garantiert sofort losgehen, denn gebaut wird ausschließlich mit 2x2- und 2x4-Steinen in Standardfarben. Die übersichtlichen Schritt-für-Schritt-Anleitungen erfordern keine Leseerfahrung. So können auch die Kleinsten sofort loslegen und schon mit wenigen Bausteinen fantastische, abwechslungsreiche Welten erschaffen. Alle Bauanleitungen sind kompatibel für LEGO®, LEGO® Duplo und alle gängigen Noppenbausteine.

92 Seiten, zahlreiche Illustrationen, 215 x 280 mm, Softcover, ISBN: 978-3-96664-198-2
€ (D) 9,99

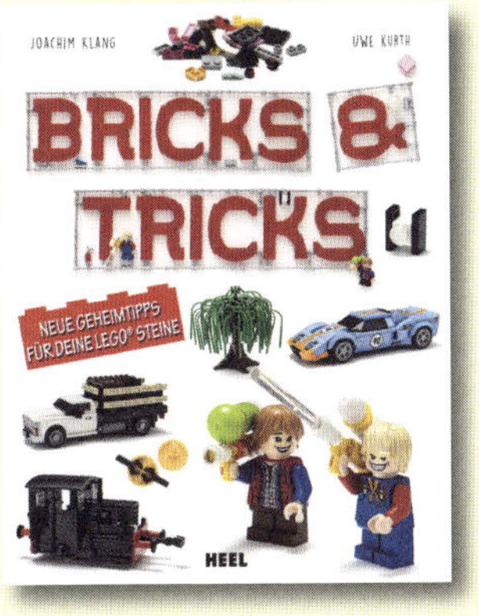

208 Seiten, 203 x 254 mm, Softcover
ISBN: 978-3-95843-761-6
€ (D) 18,-

128 Seiten, 203 x 254 mm, Softcover
ISBN: 978-3-96664-012-1
€ (D) 16,99

400 Seiten, 170 x 214 mm, Softcover
ISBN: 978-3-86852-542-7
€ (D) 19,99

192 Seiten, 203 x 254 mm, Softcover
ISBN: 978-3-95843-961-0
€ (D) 18,-

204 Seiten, 203 x 254 mm, Softcover
ISBN: 978-3-95843-518-6
€ (D) 14,99

192 Seiten, 203 x 203 mm, Softcover
ISBN: 978-3-95843-960-3
€ (D) 14,99

144 Seiten, 245 x 245 mm, Softcover
ISBN: 978-3-96664-013-8
€ (D) 19,99

32 Seiten, 240 x 290 mm, Hardcover,
ISBN 978-3-96664-181-4
€ 14,99

Unser komplettes Programm finden Sie in jeder Buchhandlung und unter www.heel-verlag.de

HEEL Verlag GmbH | Gut Pottscheidt | 53639 Königswinter

Für Matilda und Oscar

HEEL Verlag GmbH
Gut Pottscheidt
53639 Königswinter
Tel.: 02223 9230-0
Fax: 02223 9230-13
info@heel-verlag.de
www.heel-verlag.de

Modelle und Bauanleitungen: Achim Schuck
Layout & Covergestaltung: Axel Mertens, HEEL Verlag GmbH
Satz: Ralph Handmann
Bilder: © Freepik.com und © Adobe Stock
Lektorat und Projektleitung: Ulrike Reihn-Hamburger

Printed in Slovakia

ISBN 978-3-96664-526-3